училище - škola	2
пътуване - putešestvie	5
транспорт - transport	8
град - gorod	10
пейзаж - landšaft	14
ресторант - restoran	17
супермаркет - supermarket	20
напитки - napitki	22
ядене - eda	23
селски двор - ferma	27
къща - dom	31
всекидневна - gostinaâ	33
кухня - kuhnâ	35
баня - vannaâ komnata	38
детска стая - detskaâ komnata	42
облекло - odežda	44
офис - ofis	49
икономика - èkonomika	51
професии - professii	53
инструменти - instrumenty	56
музикални инструменти - muzykal'nye instrumenty	57
зоологическа градина - zoopark	59
спорт - sport	62
дейности - dejstviâ	63
семейство - sem'â	67
тяло - telo	68
болница - bol'nica	72
спешен случай - neotložnyj slučaj	76
Земя - zemlâ	77
часовник - časy	79
седмица - nedelâ	80
година - god	81
форми - formy	83
цветове - cveta	84
противоположности - protivopoložnosti	85
числа - cyfry	88
езици - âzyki	90
кой / какво / как - kto / čto / kak	91
къде - gde	92

Impressum
Verlag: BABADADA GmbH, Nedderfeld 112 , 22529 Hamburg
Geschäftsführer / Verlagsleitung: Harald Hof
Druck: Books on Demand GmbH, In de Tarpen 42, 22848 Norderstedt

Imprint
Publisher: BABADADA GmbH, Nedderfeld 112 , 22529 Hamburg, Germany
Managing Director / Publishing direction: Harald Hof
Print: Books on Demand GmbH, In de Tarpen 42, 22848 Norderstedt, Germany

училище
škola

деление
delit'

черна дъска
doska

класна стая
klassnaâ komnata

училищен двор
škol'nyj dvor

учител
učitel'

хартия
bumaga

пиша
pisat'

химикал
ručka

бюро
pis'mennyj stol

линеал
linejka

книга
kniga

ученик
učenik

ученическа раница
ranec

ученически несесер
penal

молив
karandaš

острилка за моливи
točilka

гума
lastik

блок за рисуване
al'bom dlâ risovaniâ

училище - škola

рисунка

risunok

четка

kistočka

акварелни бои

korobka krasok

ножица

nožnicy

лепило

klej

тетрадка за упражнения

tetrad'

домашна работа

domašnââ rabota

число

cyfra

събиране

pribavlât'

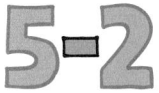

изваждане

vyčitat'

умножение

umnožat'

смятане

sčitat'

буква

bukva

азбука

alfavit

дума

slovo

училище - škola

текст
tekst

чета
čitat'

тебешир
mel

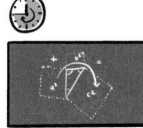

час
urok

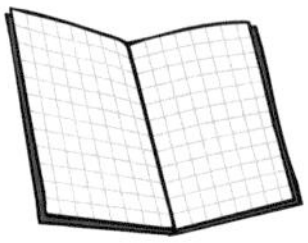

дневник на класа
klassnyj žurnal

изпит
èkzamen

свидетелство
diplom

ученическа униформа
škol'naâ forma

образование
obrazovanie

справочник
èncyklopediâ

университет
universitet

микроскоп
mikroskop

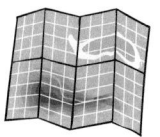

карта
karta

кошче за хартиени отпадъци
korzina dlâ bumag

училище - škola

пътуване

putešestvie

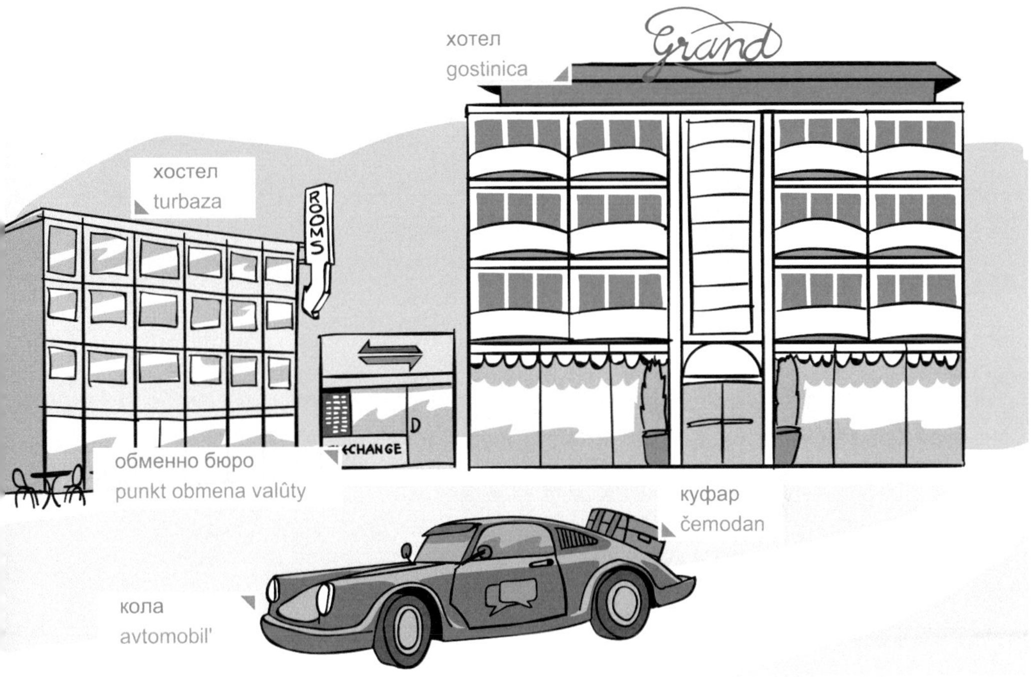

хотел
gostinica
Grand
хостел
turbaza
ROOMS
EXCHANGE
обменно бюро
punkt obmena valûty
куфар
čemodan
кола
avtomobil'

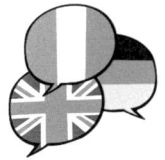

език

âzyk

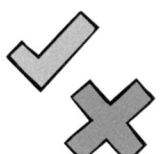

да / не

da / net

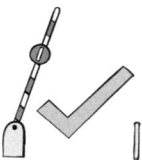

Окей

horošo

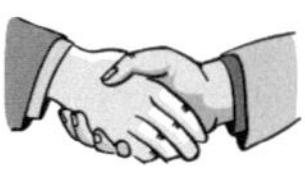

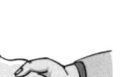

здравей

Privet

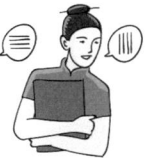

преводач

perevodčik

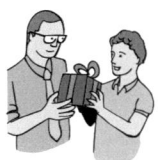

Благодаря

Spasibo

Колко струва…?

Skol'ko stoit…?

Не разбирам

Â ne ponimaû

проблем

problema

Добър вечер!

Dobryj večer!

Добро утро!

Dobroe utro!

Лека нощ!

Dobroj noči!

довиждане

Do svidaniâ

посока

napravlenie

багаж

bagaž

пътна чанта

sumka

раница

rûkzak

посетител

gost'

стая

komnata

спален чувал

spal'nyj mešok

палатка

palatka

туристическа информация

turističeskaâ informacyâ

плаж

plâž

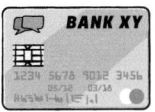

кредитна карта

kreditnaâ kartočka

закуска

zavtrak

обед

obed

вечеря

užyn

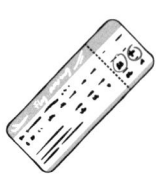

билет

bilet

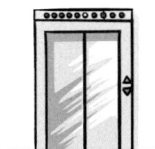

асансьор

lift

пощенска марка

počtovaâ marka

граница

granica

митница

tamožnâ

посолство

posol'stvo

виза

viza

паспорт

pasport

транспорт
transport

кораб
korabl'

самолёт
samolët

пожарна кола
požarnyj avtomobil'

автобус
avtobus

товарен автомобил
gruzovik

моторна лодка
motornaâ lodka

кола
avtomobil'

велосипед
velosiped

ферибот

parom

лодка

lodka

мотоциклет

motocykl

полицейска кола

policejskij avtomobil'

състезателна кола

gonočnyj avtomobil'

кола под наем

arendovannyj avtomobil'

транспорт - transport

каршеринг

sovmestnoe pol'zovanie avtomobilâmi

автомобил от "Пътна помощ"

buksirovočnyj avtomobil'

сметовоз

musorovoz

двигател

dvigatel'

бензин

toplivo

бензиностанция

zapravka

пътен знак

dorožnyj znak

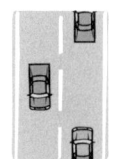

улично движение

dviženie

задръстване

probka

паркинг

avtostoânka

гара

vokzal

релси

rel'sy

влак

poezd

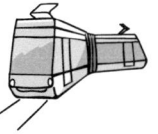

трамвай

tramvaj

вагон

vagon

хеликоптер
vertolët

аерогара
aèroport

кула
vyška

пасажер
passažyr

контейнер
kontejner

кашон
korobka

ръчна количка
teležka

кошница
korzina

излитам / приземявам се
vzletat' / prizemlât'sâ

град
gorod

село
derevnâ

градски център
centr goroda

къща
dom

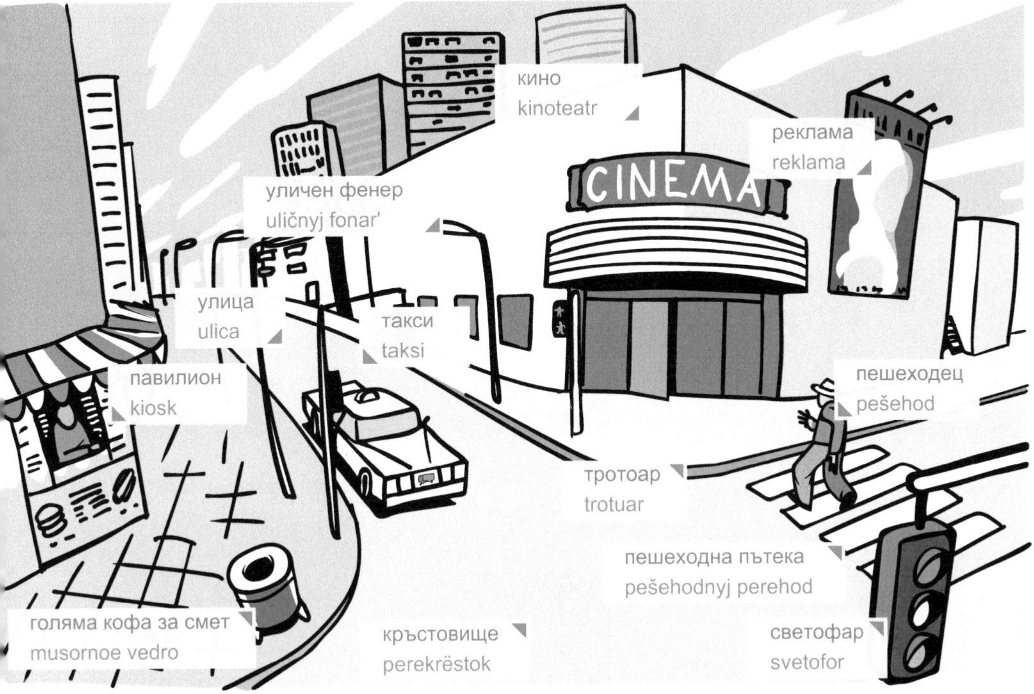

кино
kinoteatr

реклама
reklama

уличен фенер
uličnyj fonar'

улица
ulica

такси
taksi

павилион
kiosk

пешеходец
pešehod

тротоар
trotuar

пешеходна пътека
pešehodnyj perehod

голяма кофа за смет
musornoe vedro

кръстовище
perekrëstok

светофар
svetofor

хижа
hižyna

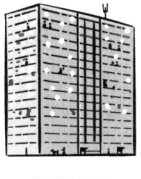

жилище
kvartira

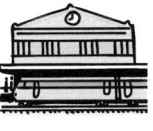

гара
vokzal

кметство
ratuša

музей
muzej

училище
škola

град - gorod

университет

universitet

банка

bank

болница

bol'nica

хотел

gostinica

аптека

apteka

офис

ofis

книжарница

knižnyj magazin

магазин за цветя

magazin

магазин за цветя

cvetočnyj magazin

супермаркет

supermarket

пазар

rynok

универсален магазин

univermag

търговец на риба

torgovec ryboj

търговски център

torgovyj centr

пристанище

port

парк

park

пейка

skamejka

мост

most

стълба

lestnica

метро

metro

тунел

tonnel'

автобусна спирка

avtobusnaâ ostanovka

бар

bar

ресторант

restoran

пощенска кутия

počtovyj âšik

улична табелка

tablička s nazvaniem ulicy

часовник за паркинг престой

parkometr

зоологическа градина

zoopark

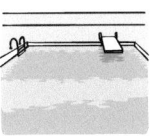

плувен басейн

bassejn

джамия

mečet'

град - gorod

селски двор

ferma

замърсяване на околната среда

zagrâznenie okružaûŝej sredy

гробище

kladbiŝe

църква

cerkov'

детска площадка

detskaâ ploŝadka

храм

hram

пейзаж
landšaft

листо
list

пътепоказател
dorožnyj ukazatel'

път
doroga

ливада
lug

камък
kamen'

дърво
derevo

пътешественик
putešestvennik

река
reka

трева
trava

цвете
cvetok

долина

dolina

планина

gora

море

ozero

гора

les

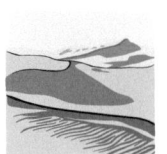

пустиня

pustynâ

вулкан

vulkan

замък

zamok

дъга

raduga

гъба

grib

палма

pal'ma

комар

komar

муха

muha

мравка

muravej

пчела

pčela

паяк

pauk

пейзаж - landšaft

бръмбар — žuk
жаба — lâguška
катеричка — belka

таралеж — ež
заек — zaâc
кукумявка — sova

птица — ptica
лебед — lebed'
диво прасе — kaban

елен — olen'
лос — los'
бент — plotina

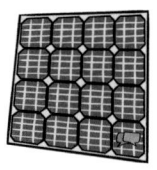

вятърна турбина — vetrânoj generator
соларен модул — solnečnaâ batareâ
климат — klimat

пейзаж - landšaft

ресторант
restoran

келнер
oficyant

меню
menû

стол
stul

пица
picca

супа
sup

покривка за маса
skatert'

прибори за хранене
stolovye pribory

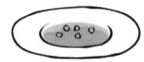

предястие
zakuska

основно ястие
glavnoe blûdo

десерт
desert

напитки
napitki

ядене
eda

бутилка
butylka

бързо хранене
fastfud

улична храна
uličnaâ eda

кана за чай
čajnik

кутия за захар
saharnica

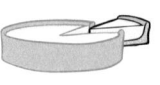
порция
porcyâ

еспресо машина
kofevarka

висок детски стол
detskij stul'čik

сметка
sčet

табла
podnos

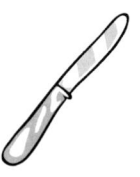
ножица за нокти
nož

вилица
vilka

лъжица
ložka

чаена лъжичка
čajnaâ ložka

салфетка
salfetka

стъклена чаша
stakan

ресторант - restoran

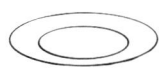

чиния

tarelka

чиния за супа

supovaâ tarelka

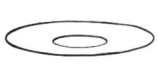

чинийка

blûdce

сос

sous

солница

solonka

мелничка за черен пипер

mel'nica dlâ perca

оцет

uksus

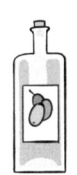

олио

maslo

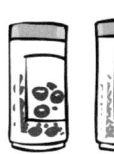 

подправки

specyi

кетчуп

ketčup

горчица

gorčica

майонеза

majonez

ресторант - restoran

супермаркет
supermarket

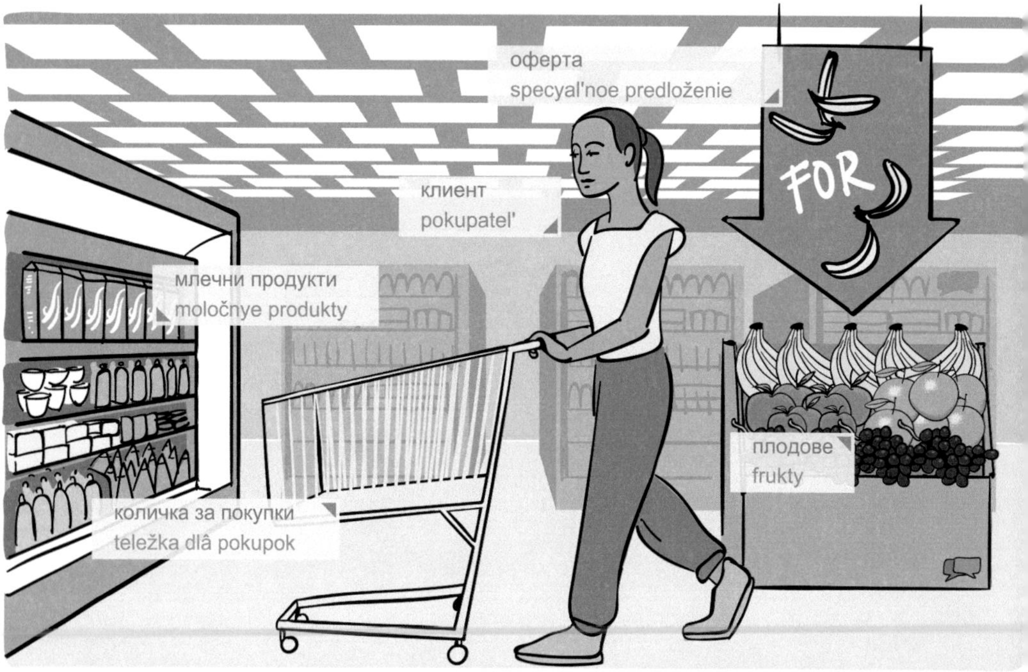

оферта
specyal'noe predloženie
FOR
клиент
pokupatel'
млечни продукти
moločnye produkty
плодове
frukty
количка за покупки
teležka dlâ pokupok

BUTCHERS

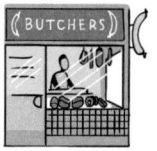

кланица

mâsnoj magazin

BAKERY

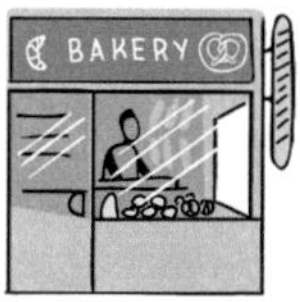

хлебарница

pekarnâ

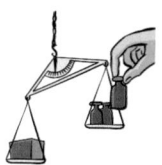

тегля

vzvešyvat'

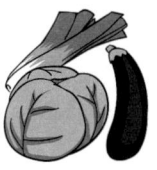

зеленчуци

ovoŝi

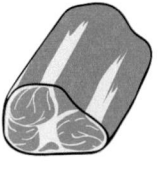

месо

mâso

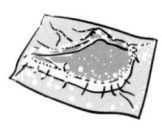

дълбоко замразена храна

bystrozamorožennye produkty

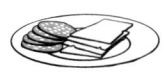

нарязан колбас или сирене

narezka

консерви

konservy

перилен препарат

stiral'nyj porošok

лакомства

sladosti

домакински изделия

predmet domašnego obihoda

почистващи препарати

moûŝee sredstvo

продавачка

prodavŝica

каса

kassa

касиер

kassir

списък на покупките

spisok pokupok

работно време

vremâ raboty

портфейл

bumažnik

кредитна карта

kreditnaâ kartočka

чанта

sumka

пластмасова торба

poliètilenovyj paket

напитки
napitki

вода
voda

сок
sok

мляко
moloko

кола
koka-kola

вино
vino

бира
pivo

алкохол
alkogol'

какао
kakao

чай
čaj

кафе машина
kofe

еспресо
èspresso

капучино
kapučino

ядене
eda

банан
banan

ябълка
âbloko

портокал
apel'sin

пъпеш
arbuz

лимон
limon

морков
morkov'

чесън
česnok

бамбук
bambuk

лук
luk

гъба
grib

ядки
orehi

макарони
lapša

спагети	ориз	салата
spagetti	ris	salat

пържени картофи	печени картофи	пица
kartofel' fri	žarenyj kartofel'	picca

хамбургер	сандвич	шницел
gamburger	sèndvič	šnicel'

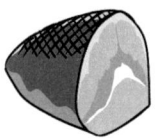

шунка	траен колбас	салам
vetčina	salâmi	kolbasa

пиле	печено	риба
kurica	žarkoe	ryba

овесени ядки	мюсли	корнфлейкс
ovsânye hlop'â	mûsli	kukuruznye hlop'â

брашно	кроасан	хлебчета
muka	kruassan	buločka

хляб	препечена филийка	бисквити
hleb	tost	pečen'e

масло	извара	сладкиш
maslo	tvorog	pirog

яйце	яйца на очи	сирене
âjco	âičnica	syr

ядене - eda

сладолед	захар	мед
moroženoe	sahar	mëd

мармалад	нуга крем	къри
marmelad	krem s nugoj	karri

ядене - eda

селски двор
ferma

селска къща
krest'ânskij dom

бала сено
tûk iz solomy

плевня
saraj

поле
pole

кон
lošad'

ремарке
pricep

конче
žerebënok

трактор
traktor

магаре
osël

агне
âgnënok

овца
ovca

коза
koza

крава
korova

теле
telënok

свиня
svin'â

прасенце
porosënok

бик
byk

гъска
gus'

патица
utka

пиленце
cyplënok

кокошка
kurica

петел
petuh

плъх
krysa

котка
koška

мишка
myš'

вол
vol

куче
sobaka

кучешка колиба
konura

градински маркуч
sadovyj šlang

лейка
lejka

коса
kosa

плуг
plug

сърп
serp

мотика
motyga

вила за тор
navoznye vily

брадва
topor

ръчна количка
tačka

корито
koryto

съд за мляко
bidon dlâ moloka

чувал
mešok

ограда
zabor

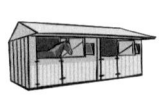
обор
hlev

парник
teplica

земя
počva

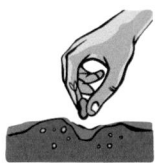
сеитба
posev

тор
udobrenie

комбайн
kombajn

селски двор - ferma

жъна
sobirat' urožaj

реколта
urožaj

ямс
âms

жито
pšenica

соя
soâ

картоф
kartofel'

царевица
kukuruza

рапица
raps

овощно дърво
fruktovoe derevo

маниока
maniok

зърнени храни
zlaki

селски двор - ferma

къща
dom

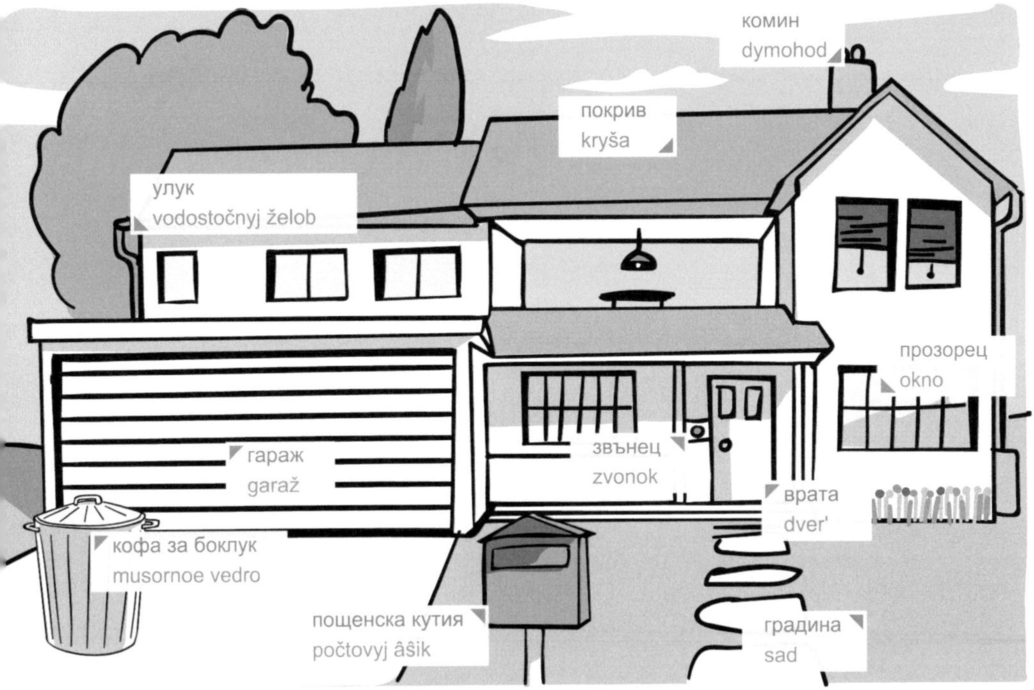

комин
dymohod

покрив
kryša

улук
vodostočnyj želob

прозорец
okno

гараж
garaž

звънец
zvonok

врата
dver'

кофа за боклук
musornoe vedro

пощенска кутия
počtovyj âŝik

градина
sad

всекидневна
gostinaâ

баня
vannaâ komnata

кухня
kuhnâ

спалня
spal'nâ

детска стая
detskaâ komnata

трапезария
stolovaâ

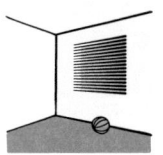
под
pol

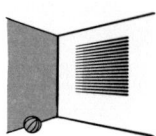
стена
stena

таван
potolok

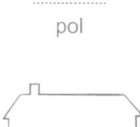
изба
podval

сауна
sauna

балкон
balkon

тераса
terrasa

плувен басейн
bassejn

косачка
gazonokosilka

спално бельо
pododeâl'nik

покривка за легло
pokryvalo

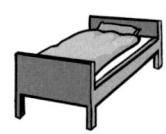
легло
krovat'

метла
metla

кофа
vedro

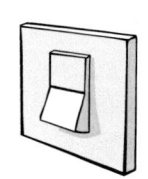
електрически ключ
vyklûčatel'

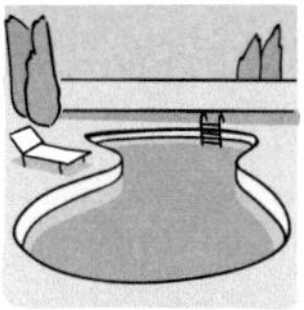

къща - dom

всекидневна
gostinaâ

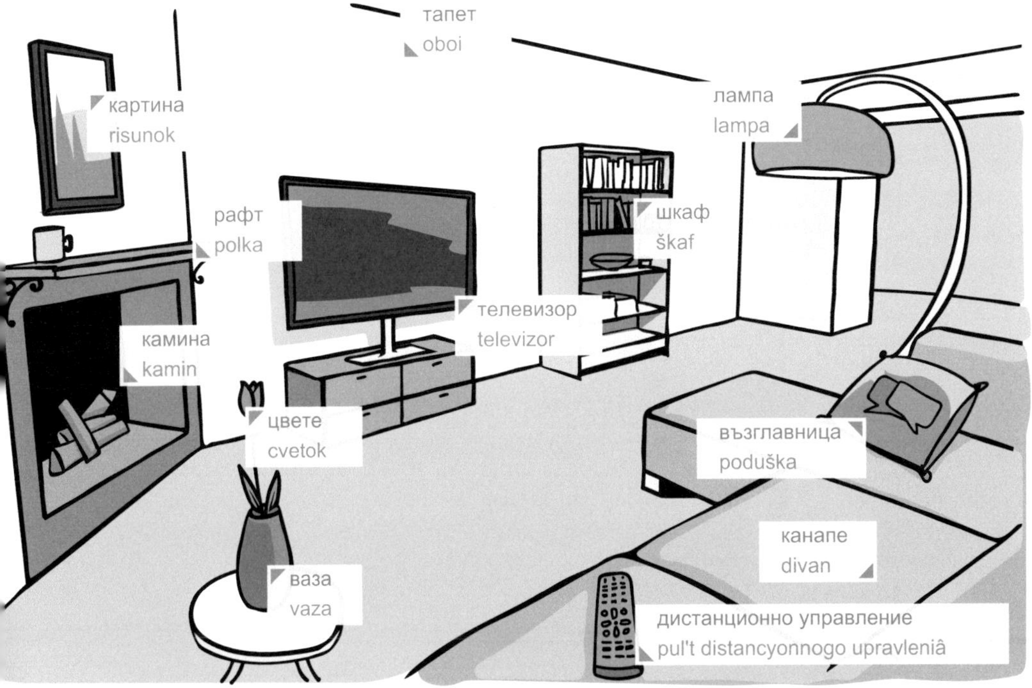

тапет
oboi

картина
risunok

лампа
lampa

рафт
polka

шкаф
škaf

камина
kamin

телевизор
televizor

цвете
cvetok

възглавница
poduška

ваза
vaza

канапе
divan

дистанционно управление
pul't distancyonnogo upravleniâ

килим
kovër

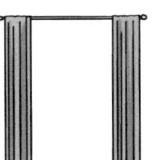

завеса
štora

маса
stol

стол
stul

люлеещ се стол
kreslo-kačalka

кресло
kreslo

всекидневна - gostinaâ

| книга | одеяло | декорация |
| kniga | pokryvalo | ukrašenie |

| дърва за отопление | филм | стерео уредба |
| drova | fil'm | stereosistema |

| ключ | вестник | живопис |
| klûč | gazeta | kartina |

| постер | радио | бележник |
| plakat | radio | bloknot |

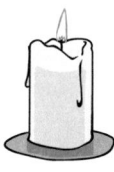

| прахосмукачка | кактус | свещ |
| pylesos | kaktus | sveča |

всекидневна - gostinaâ

кухня
kuhnâ

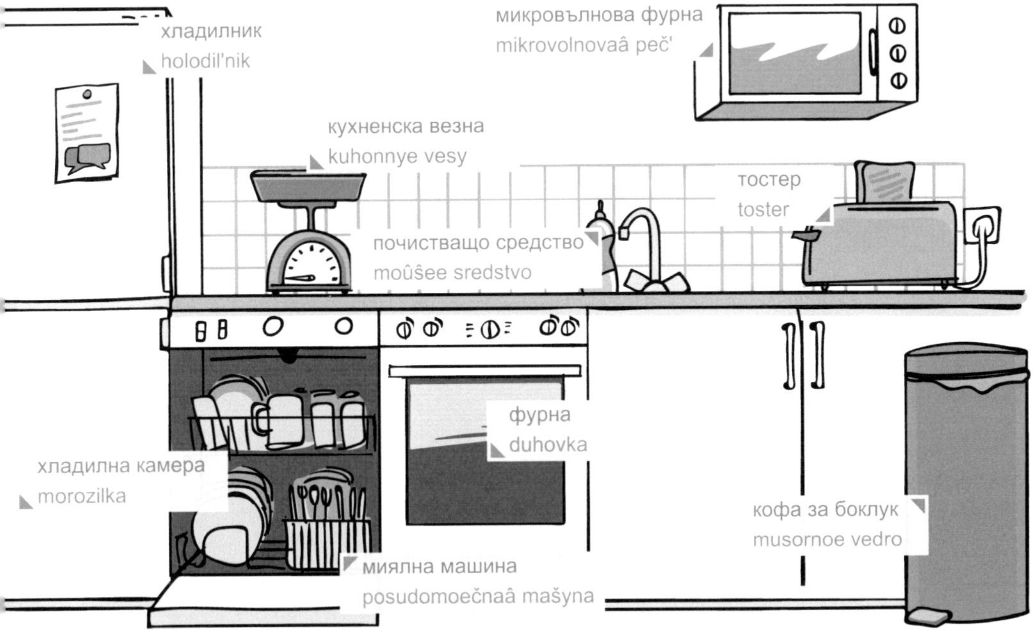

хладилник
holodil'nik

микровълнова фурна
mikrovolnovaâ peč'

кухненска везна
kuhonnye vesy

тостер
toster

почистващо средство
moûšee sredstvo

фурна
duhovka

хладилна камера
morozilka

кофа за боклук
musornoe vedro

миялна машина
posudomoečnaâ mašyna

готварска печка
plita

тенджера
kastrûlâ

желязна тенджера
čugunnyj kotelok

уок / кадаи
vok / kadaj

тиган
skovoroda

кана за затопляне на вода
čajnik

уред за готвене на пара

parovarka

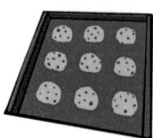

тава за печене

protiven'

съдове

posuda

чаша

kružka

купа

miska

клечки за хранене

paločki dlâ edy

черпак

polovnik

лопатка за тиган

lopatka

тел за разбиване (на яйца, белтъци)

sbivalka

кошница за варене

sito

гевгир

sito

ренде

tërka

хаван

stupka

барбекю

gril'

огнище

kostër

кухня - kuhnâ

дъска

doska

точилка

skalka

тирбушон

štopor

кутия

žestânaâ banka

отварачка за консерви

konservnyj nož

кухненска ръкохватка

prihvatka

мивка

rakovina

четка

šetka

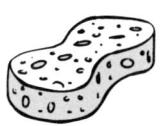

гъба

gubka

миксер

mikser

фризер

morozil'naâ kamera

бебешко шише

butyločka dlâ kormleniâ

воден кран

kran

кухня - kuhnâ

баня
vannaâ komnata

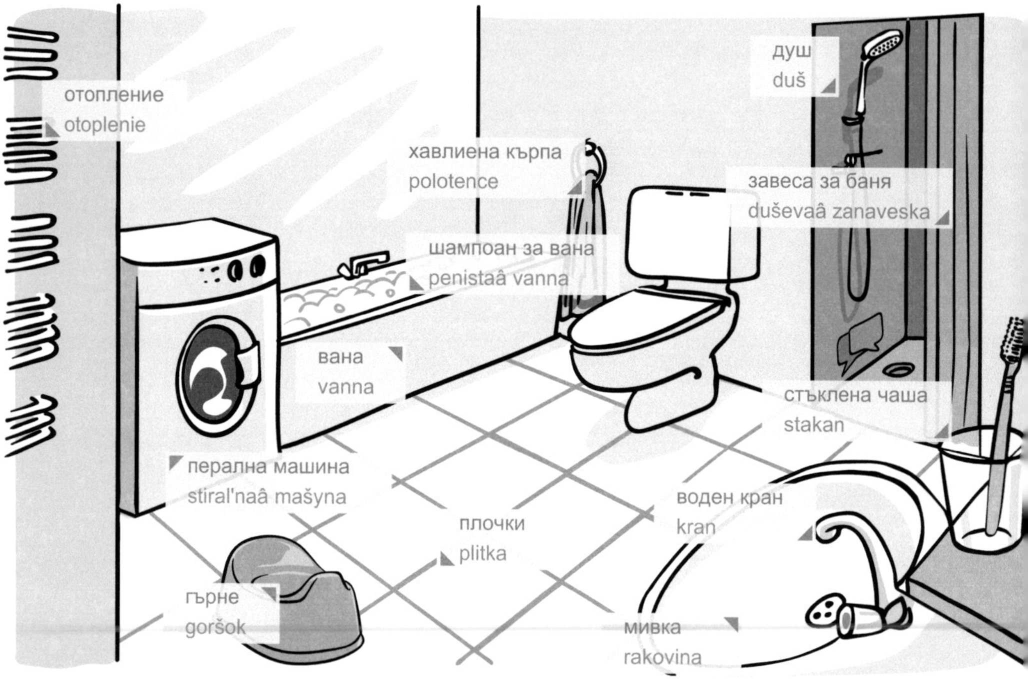

отопление
otoplenie

душ
duš

хавлиена кърпа
polotence

завеса за баня
duševaâ zanaveska

шампоан за вана
penistaâ vanna

вана
vanna

стъклена чаша
stakan

перална машина
stiral'naâ mašyna

плочки
plitka

воден кран
kran

гърне
goršok

мивка
rakovina

тоалетна
tualet

клекало
napol'nyj unitaz

биде
bide

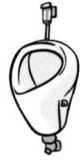

писоар
pissuar

тоалетна хартия
tualetnaâ bumaga

четка за тоалетна
eršyk

баня - vannaâ komnata

четка за зъби
zubnaâ šetka

паста за зъби
zubnaâ pasta

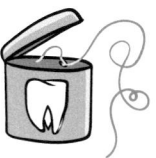
конец за зъби
zubnaâ nit'

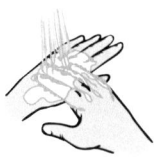
мия
myt'

ръчен душ
ručnoj duš

интимен душ
intimnyj duš

леген
taz

четка за гръб
setka dla spiny

сапун
mylo

душ гел
gel' dlâ duša

шампоан за вана
šampun'

гъба за баня
močalka

сифон
stok

крем
krem

дезодорант
dezodorant

баня - vannaâ komnata

огледало
zerkalo

козметично огледало
ručnoe zerkalo

ръчна самобръсначка
britva

пяна за бръснене
pena dlâ brit'â

одеколон за след бръснене
los'on posle brit'â

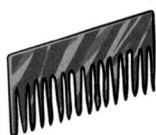
гребен
rasčeska

четка
šetka

сешоар
fen

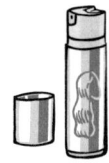
спрей за коса
lak dlâ volos

грим
kosmetika

червило
gubnaâ pomada

лак за нокти
lak dlâ nogtej

памук
vata

ножица за нокти
manikûrnye nožnicy

парфюм
duhi

баня - vannaâ komnata

тоалетна чантичка

kosmetička

табуретка

taburetka

везна

vesy

хавлия

halat

домакински ръкавици

rezinovye perčatki

тампон

tampon

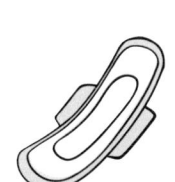

дамски превръзки

gigieničeskaâ prokladka

химическа тоалетна

biotualet

баня - vannaâ komnata

детска стая
detskaâ komnata

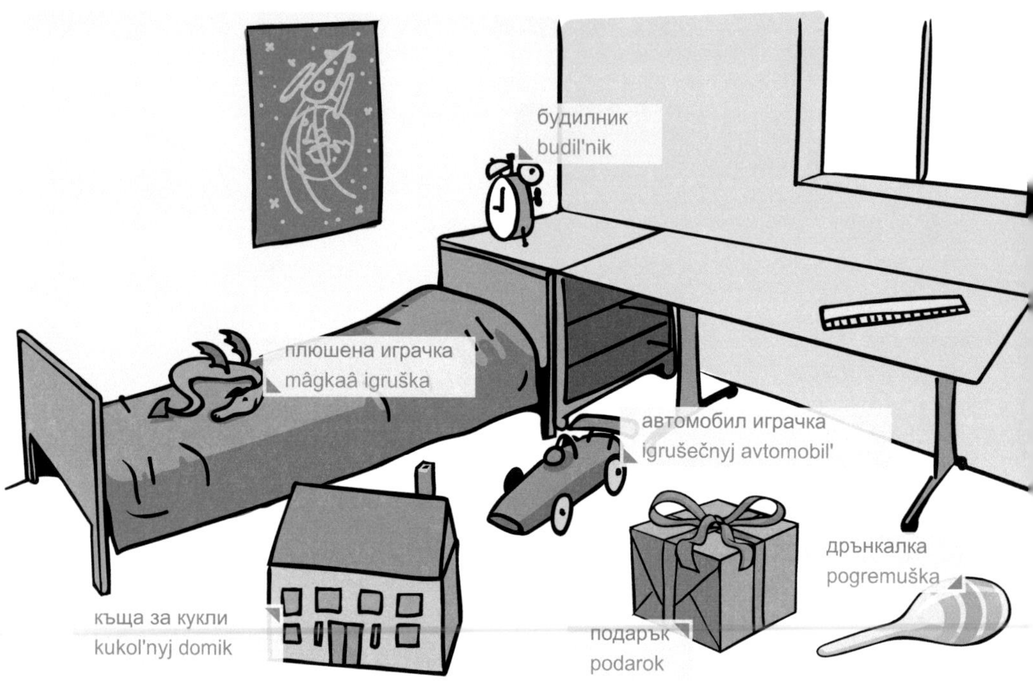
будилник
budil'nik
плюшена играчка
mâgkaâ igruška
автомобил играчка
igrušečnyj avtomobil'
дрънкалка
pogremuška
къща за кукли
kukol'nyj domik
подарък
podarok

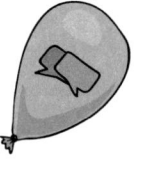

балон
vozdušnyj šar

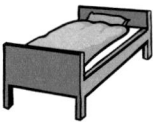

легло
krovat'

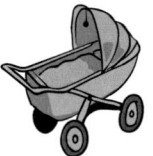

детска количка
detskaâ kolâska

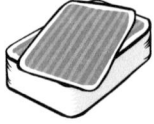

игра на карти
kartočnaâ igra

пъзел
pazl

SUPER
MEGA
комикс
komiks

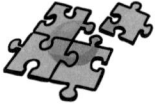

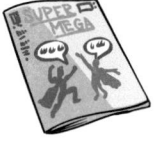

лего елементи

kirpičiki Lego

строителни елементи

kubiki

екшън фигурка

igrušečnaâ figurka

бебешки гащеризон

polzunki

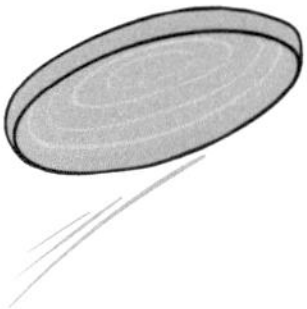

фрисби

frisbi

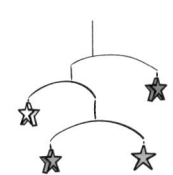

бебешки играчки за легло

mobile

настолна игра

nastol'naâ igra

зарче

kubik

миниатюрно влакче

model' železnoj dorogi

биберон

soska

парти

večerinka

детска книга с илюстрации

kniga s kartinkami

топка

mâč

кукла

kukla

играя

igrat'

пясъчник
pesočnica

люлка
kačeli

играчка
igruška

игрова конзола
igrovaâ pristavka

велосипед с три колелета
trëhkolesnyj velosiped

плюшено мече
plûševyj medvežonok

гардероб
škaf dlâ odeždy

облекло
odežda

къси чорапи
noski

дълги чорапи
čulki

чорапогащник
kolgotki

шал
šarf

чадър
zontik

Т-шърт
futbolka

колан
remen'

ботуши
sapogi

гуменки
krossovki

пантофи
tapki

сандали

sandalii

обувки

botinki

гумени ботуши

rezinovye sapogi

слип

trusy

сутиен

bûstgal'ter

долна блуза

majka

боди
bodi

панталон
brûki

дънки
džynsy

пола
ûbka

блуза
bluzka

риза
rubaška

пуловер
sviter

суичър
sviter

блейзър
sportivnaâ kurtka

яке
žaket

палто
pal'to

дъждобран
plaš

костюм
kostûm

рокля
plat'e

булчинска рокля
svadebnoe plat'e

облекло - odežda

костюм

mužskoj kostûm

нощница

nočnaâ soročka

пижама

pižama

сари

sari

кърпа за глава

platok

тюрбан

tûrban

бурка

parandža

кафтан

kaftan

абая

abajâ

бански костюм

kupal'nik

плувни шорти

plavki

къс панталон

šorty

анцуг

sportivnyj kostûm

престилка

fartuk

ръкавици

perčatki

облекло - odežda

копче
pugovica

очила
očki

гривна
braslet

верижка
cepočka

пръстен
kol'co

обеца
ser'ga

каскет
šapka

закачалка
vešalka

шапка
šlâpa

вратовръзка
galstuk

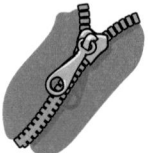

цип
zastežka molniâ

каска
šlem

тиранти
podtâžki

ученическа униформа
škol'naâ forma

униформа
forma

облекло - odežda

лигавник
detskij nagrudnik

биберон
soska

пелена
podguznik

офис
ofis

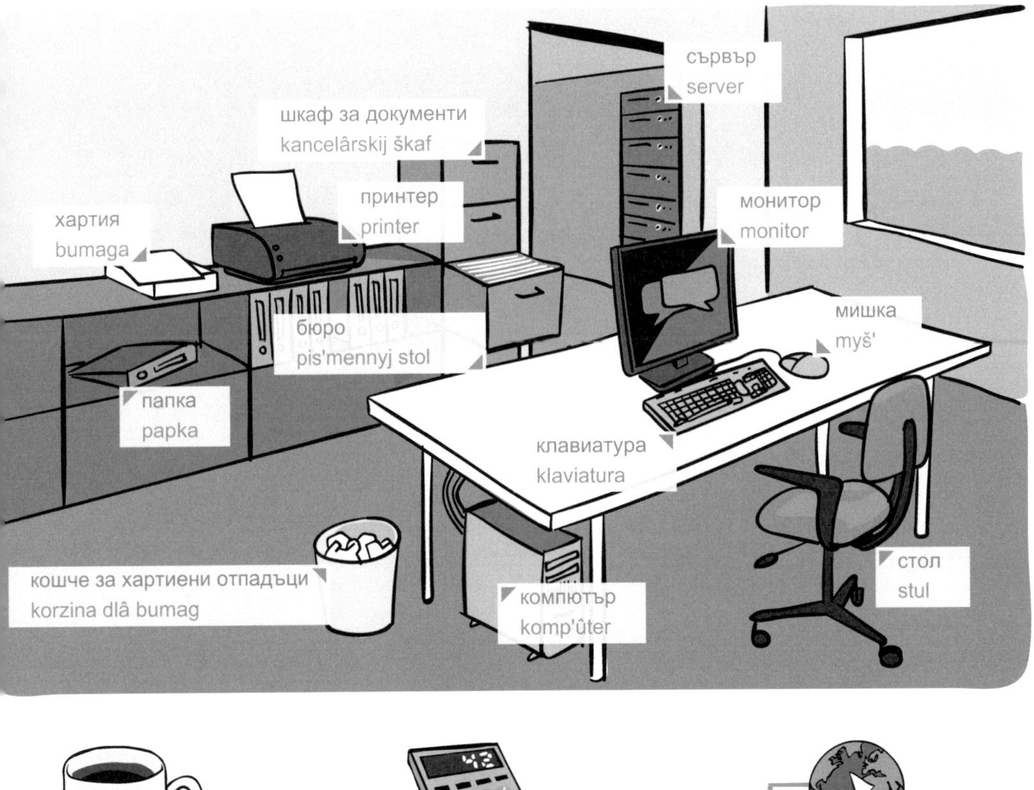

- хартия — bumaga
- шкаф за документи — kancelârskij škaf
- принтер — printer
- сървър — server
- монитор — monitor
- бюро — pis'mennyj stol
- папка — papka
- мишка — myš'
- клавиатура — klaviatura
- кошче за хартиени отпадъци — korzina dlâ bumag
- компютър — komp'ûter
- стол — stul

чаша за кафе
kofejnaâ kružka

джобен калкулатор
kal'kulâtor

интернет
internet

лаптоп
noutbuk

писмо
pis'mo

съобщение
soobšenie

мобилен телефон
mobil'nyj telefon

мрежа
set'

ксерокс
kseroks

софтуер
programma

телефон
telefon

контакт
rozetka

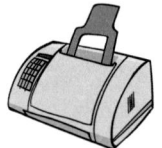
факс
faks

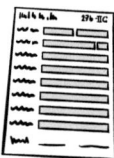
формуляр
formulâr

документ
dokument

офис - ofis

икономика
èkonomika

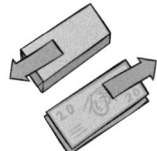
купувам
pokupat'

плащам
platit'

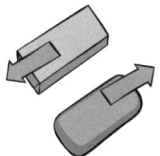
търгувам
torgovat'

пари
den'gi

долар
dollar

евро
evro

йена
iena

рубла
rubl'

швейцарски франк
frank

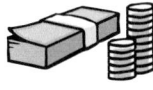
ренминби юан
žèn'min'bi ûan'

рупия
rupiâ

банкомат
bankomat

обменно бюро
punkt obmena valûty

злато
zoloto

сребро
serebro

нефт
neft'

енергия
ènergiâ

цена
cena

договор
dogovor

данък
nalog

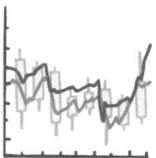
акция
akcyâ

работя
rabotat'

служител
služašij

работодател
rabotodatel'

фабрика
fabrika

магазин за цветя
magazin

икономика - èkonomika

професии
professii

полицай / milicyoner
пожарникар / požarnyj
пилот / pilot
готвач / povar
лекар / vrač

градинар
sadovnik

мебелист
stolâr

шивачка
šveâ

съдия
sud'â

химик
himik

артист
aktër

шофьор на автобус

voditel' avtobusa

шофьор на такси

taksist

рибар

rybak

чистачка

uborŝica

майстор на покриви

krovel'ŝik

келнер

oficyant

ловец

ohotnik

художник

hudožnik

хлебар

pekar'

електротехник

èlektrik

строителен работник

stroitel'

инженер

inžener

касапин

mâsnik

тенекеджия

santehnik

пощальон

počtal'on

войник

soldat

архитект

arhitektor

касиер

kassir

цветар

florist

фризьор

parikmaher

кондуктор

konduktor

механик

mehanik

капитан

kapitan

зъболекар

zubnoj vrač

научен работник

učenyj

равин

ravvin

имàм

imam

монах

monah

свещеник

svâšennik

професии - professii

инструменти
instrumenty

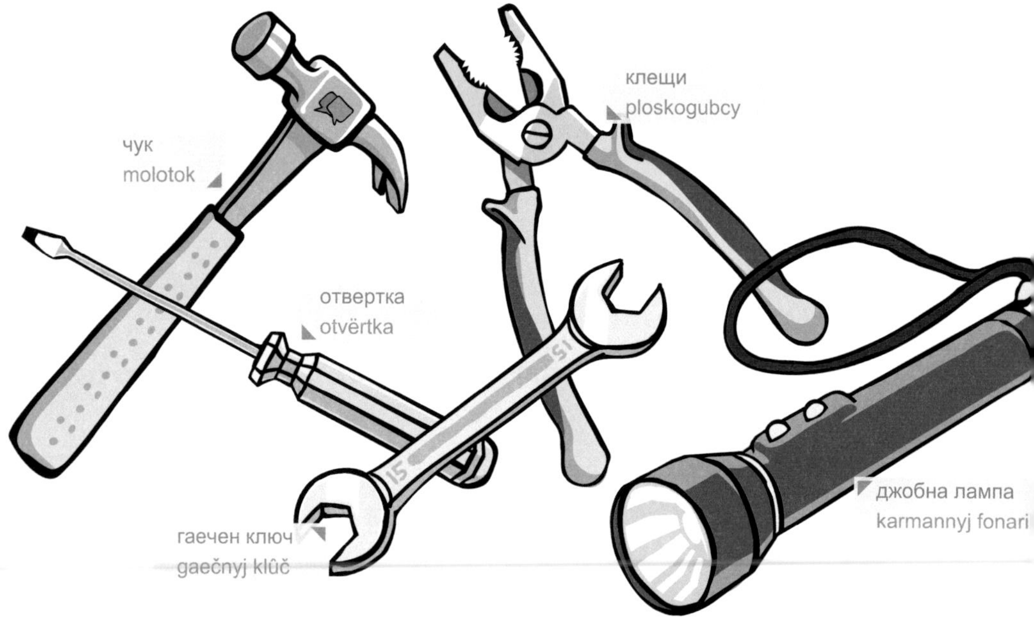

чук
molotok

клещи
ploskogubcy

отвертка
otvërtka

гаечен ключ
gaečnyj klûč

джобна лампа
karmannyj fonari

багер
èkskavator

кутия за инструменти
âŝik dlâ instrumentov

стълба
stremânka

трион
pila

пирони
gvozdi

бормашина
drel'

ремонтирам

remontirovat'

лопата

lopata

По дяволите!

Blin!

лопатка за смет

sovok

кутия за боя

vedro s kraskoj

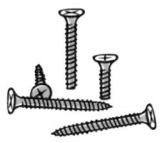

болтове

vinty

музикални инструменти
muzykal'nye instrumenty

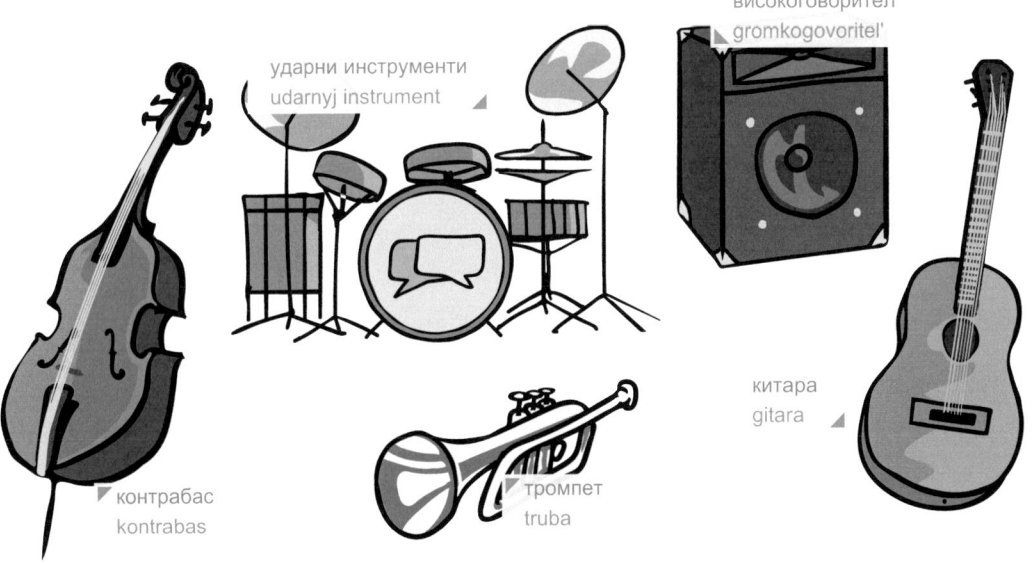

ударни инструменти
udarnyj instrument

високоговорител
gromkogovoritel'

китара
gitara

контрабас
kontrabas

тромпет
truba

пиано
pianino

виолина
skripka

контрабас
bas-gitara

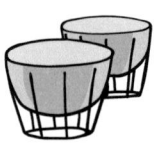

тимпан
litavry

барабан
baraban

електрическо пиано
sintezator

саксофон
saksofon

флейта
flejta

микрофон
mikrofon

музикални инструменти - muzykal'nye instrumenty

зоологическа градина
zoopark

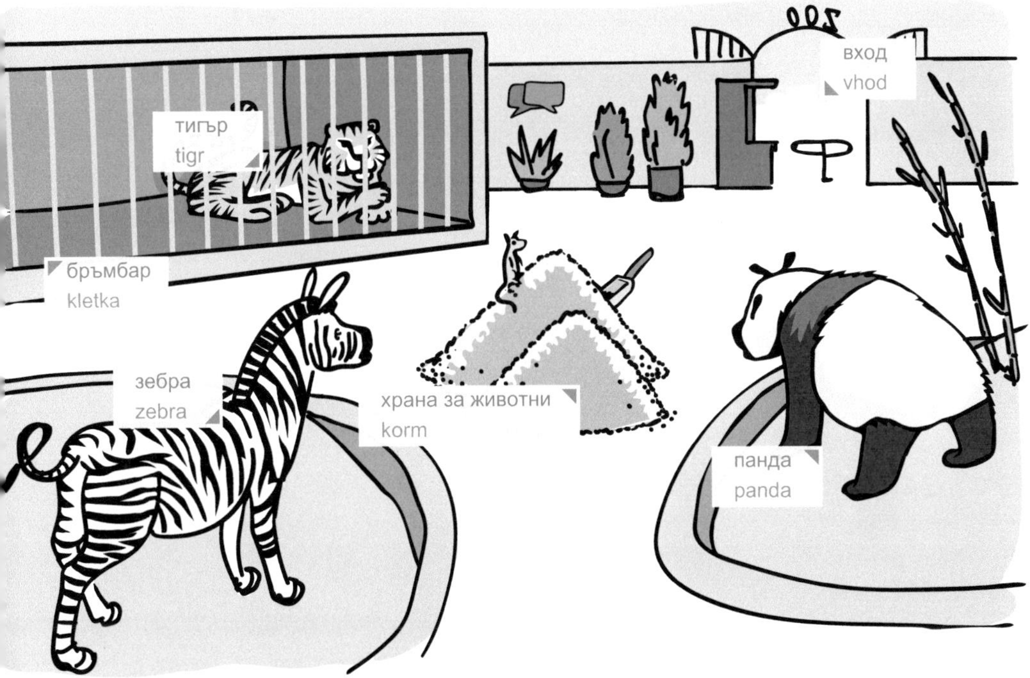

тигър / tigr
вход / vhod
бръмбар / kletka
зебра / zebra
храна за животни / korm
панда / panda

животни
žyvotnye

слон
slon

кенгуру
kenguru

носорог
nosorog

горила
gorilla

мечка
medved'

камила
verblûd

щраус
straus

лъв
lev

маймуна
obez'âna

фламинго
flamingo

папагал
popugaj

бяла мечка
belyj medved'

пингвин
pingvin

акула
akula

паун
pavlin

змия
zmeâ

крокодил
krokodil

пазач в зоологическа градина
služytel' zooparka

тюлен
tûlen'

ягуар
âguar

зоологическа градина - zoopark

пони
poni

леопард
leopard

хипопотам
begemot

жираф
žyraf

орел
orël

диво прасе
kaban

риба
ryba

костенурка
čerepaha

морж
morž

лисица
lisa

газела
gazel'

зоологическа градина - zoopark

спорт
sport

американски футбол / amerikanskij futbol

колоездене / ezda na velosipede

тенис / tennis

баскетбол / basketbol

плуване / plavanie

бокс / boks

хокей на лед / hokkej

футбол / futbol

бадминтон / badminton

лека атлетика / lëgkaâ atletika

хандбал / gandbol

ски бягане / lyžnyj sport

поло / polo

дейности
dejstviâ

пиша

pisat'

рисувам

risovat'

показвам

pokazyvat'

бутам

nažymat'

давам

davat'

взимам

brat'

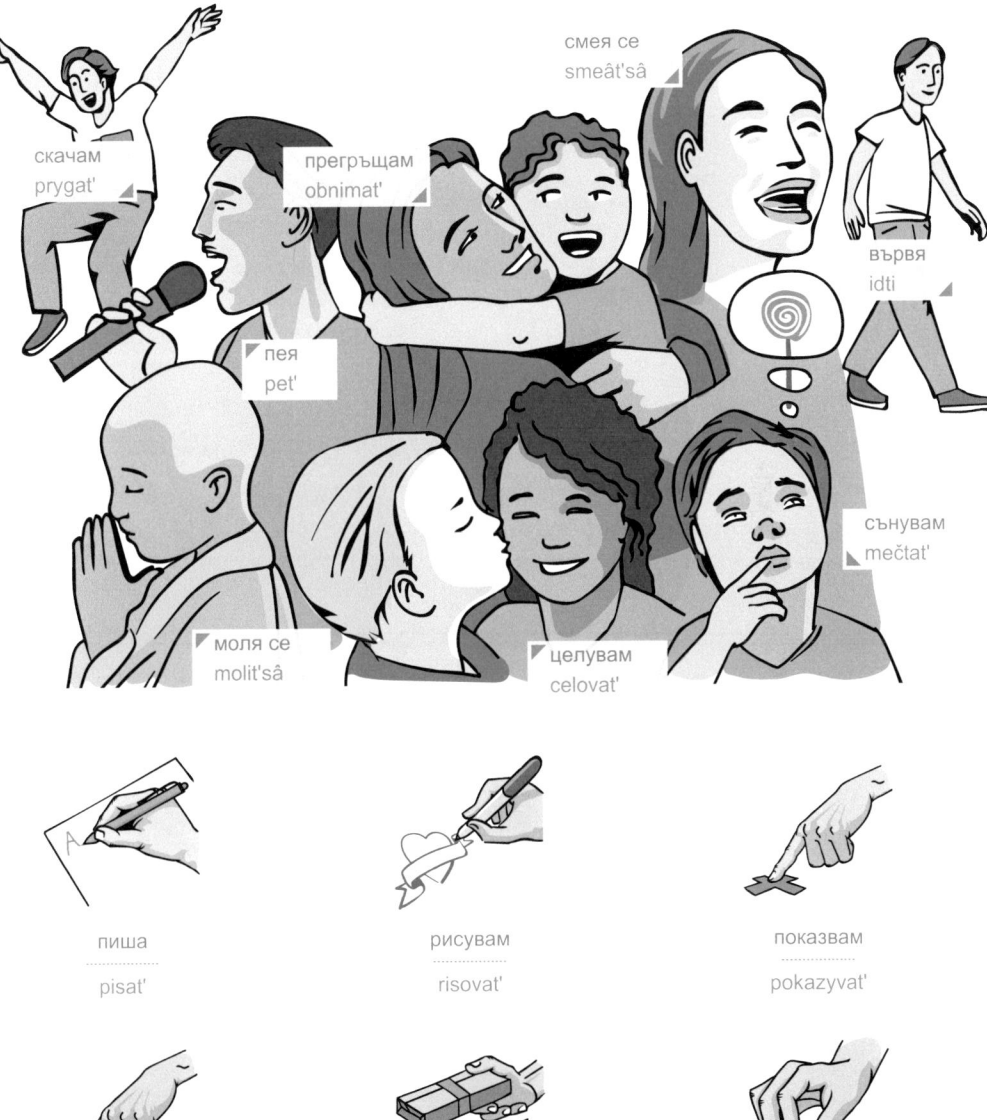

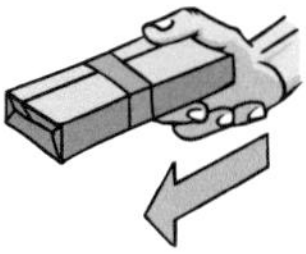

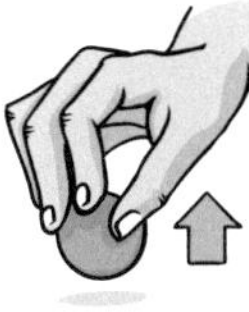

имам
imet'

правя
delat'

съм
byt'

стоя
stoât'

тичам
bežat'

дърпам
tânut'

хвърлям
brosat'

падам
padat'

лежа
ležat'

чакам
ždat'

нося
nosit'

седя
sidet'

обличам
nadevat'

спя
spat'

събуждам се
prosypat'sâ

дейности - dejstviâ

разглеждам

rassmatrivat'

плача

plakat'

милвам

gladit'

реша се

pričesyvat'

говоря

govorit'

разбирам

ponimat'

питам

sprašyvat'

слушам

slušat'

пия

pit'

ям

kušat'

разтребвам

navodit' porâdok

обичам

lûbit'

готвя

gotovit'

карам автомобил

ehat'

летя

letat'

дейности - dejstviâ

плавам (с платна)
hodit' pod parusom

смятане
sčitat'

чета
čitat'

уча
učit'sâ

работя
rabotat'

женя се
vstupat' v brak

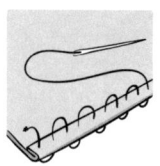

шия
šyt'

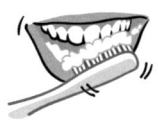

измивам си зъбите
čistit' zuby

убивам
ubivat'

пуша
kurit'

изпращам
otpravlât'

дейности - dejstviâ

семейство
sem'â

баба
babuška

дядо
deduška

баща
papa

майка
mama

бебе
mladenec

дъщеря
doč'

син
syn

посетител

gost'

леля

tetâ

чичо

dâdâ

брат

brat

сестра

sestra

тяло
telo

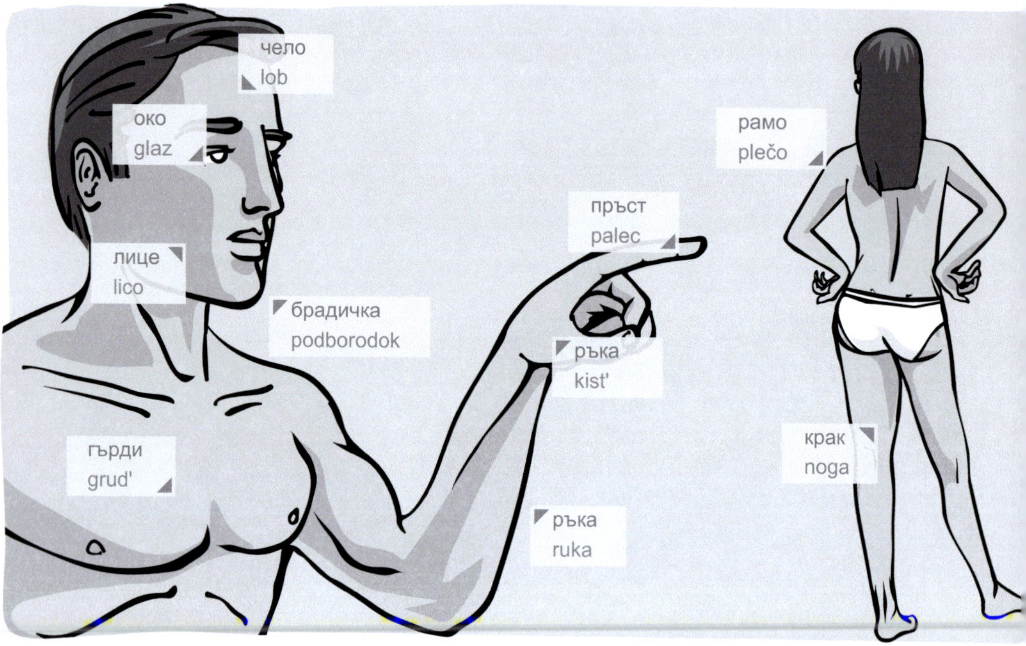

чело / lob
око / glaz
лице / lico
брадичка / podborodok
гърди / grud'
пръст / palec
ръка / kist'
ръка / ruka
рамо / plečo
крак / noga

бебе
mladenec

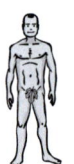

мъж
mužčina

жена
ženšina

момиче
devočka

момче
mal'čik

глава
golova

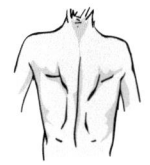

гръб

spina

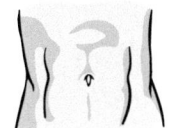

корем

žyvot

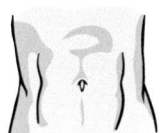

пъп

pupok

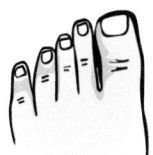

пръст на крака

palec nogi

пета

pâtka

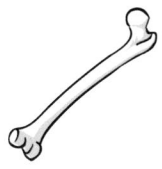

кост

kost'

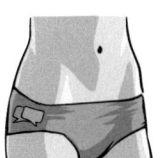

хълбок

bedro

коляно

koleno

лакът

lokot'

нос

nos

седалище

âgodicy

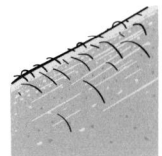

кожа

koža

буза

ŝeka

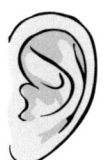

ухо

uho

устна

guba

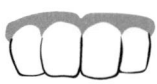

уста	зъб	език
rot	zub	âzyk

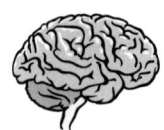
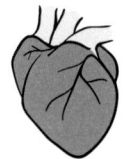

мозък	сърце	мускул
mozg	serdce	myšca

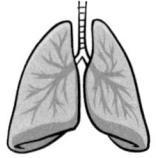

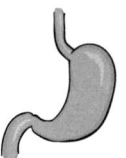

бял дроб	черен дроб	стомах
lëgkoe	pečenʼ	želudok

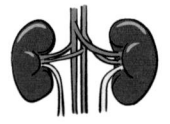

бъбреци	полово сношение	кондом
počki	polovoj akt	prezervativ

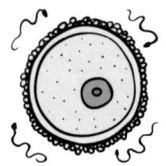

яйцеклетка	сперма	бременност
âjcekletka	sperma	beremennostʼ

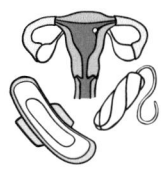
менструация
menstruacyâ

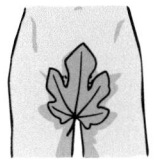
вагина
vagina

пенис
penis

вежда
brov'

коса
volosy

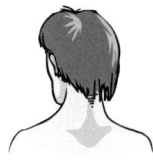
шия
šeâ

тяло - telo

болница
bol'nica

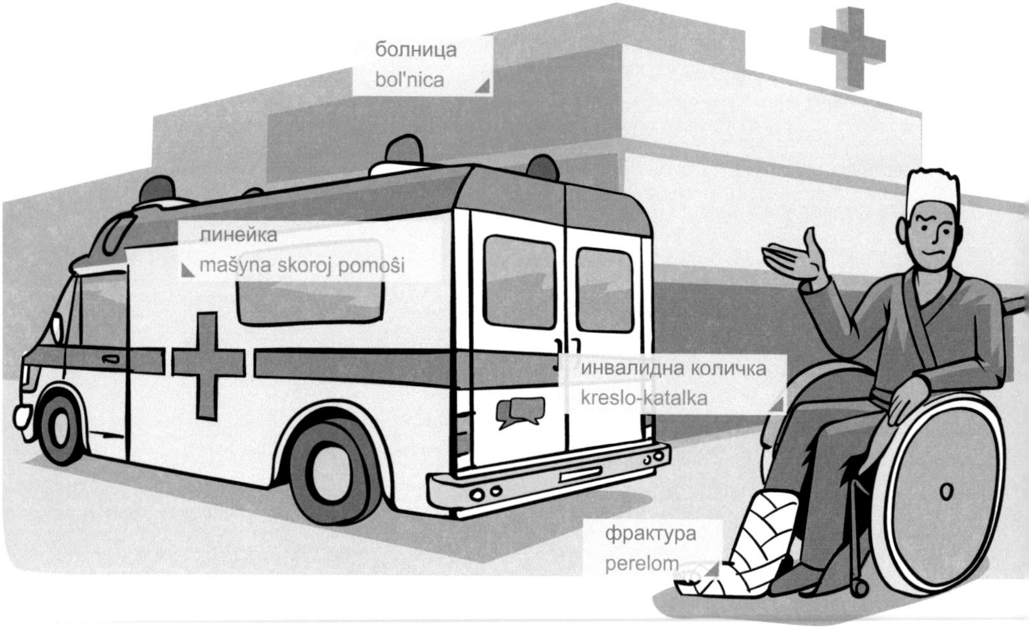

болница
bol'nica

линейка
mašyna skoroj pomoŝi

инвалидна количка
kreslo-katalka

фрактура
perelom

лекар

vrač

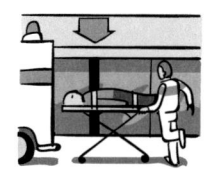

спешна хоспитализация

punkt pervoj pomoŝi

медицинска сестра

medsestra

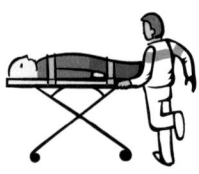

спешен случай

neotložnyj slučaj

в безсъзнание

bez soznaniâ

болка

bol'

нараняване

povreždenie

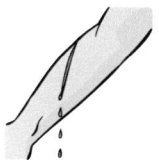

кървене

krovotečenie

инфаркт

infarkt

инсулт

insul't

алергия

allergiâ

кашлица

kašel'

температура

povyšennaâ temperatura

грип

gripp

диария

ponos

главоболие

golovnaâ bol'

рак

rak

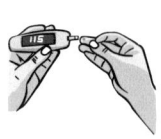

диабет

diabet

хирург

hirurg

скалпел

skal'pel'

операция

operacyâ

болница - bol'nica

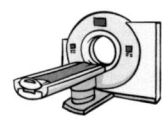
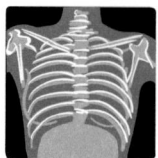
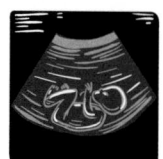

компютърна томография
KT

рентген
rentgen

ултразвук
ul'trazvuk

маска
maska

болест
bolezn'

чакалня
priëmnaâ

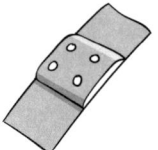

патерица
kostyl'

пластир
plastyr'

превръзка
bint

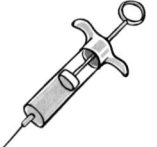
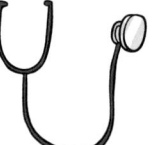
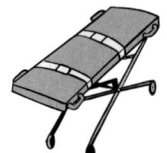

инжекция
ukol

стетоскоп
stetoskop

носилка
nosilki

термометър
termometr

раждане
roždenie

наднормено тегло
izbytočnyj ves

74 болница - bol'nica

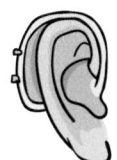
слухов апарат

sluhovoj apparat

дезинфекционно средство

dezinfekcyonnoe sredstvo

инфекция

infekcyâ

вирус

virus

HIV / AIDS

VIČ / SPID

медицина

lekarstvo

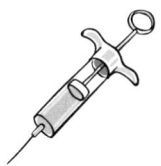
ваксинация

privivka

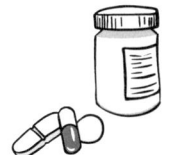
таблети

tabletki

противозачатъчна таблетка

protivozačatočnaâ tabletka

спешно телефонно обаждане

èkstrennyj vyzov

апарат за измерване на кръвното налягане

pribor dlâ izmereniâ krovânogo davleniâ

болен / здрав

bol'noj / zdorovyj

болница - bol'nica

75

спешен случай
neotložnyj slučaj

Помощ!
Pomogite!

сигнал за тревога
signal trevogi

нападение
napadenie

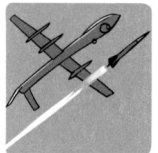

атака
ataka

опасност
opasnost'

авариен изход
zapasnoj vyhod

Пожар!
Požar!

пожарогасител
ognetušytel'

злополука
nesčastnyj slučaj

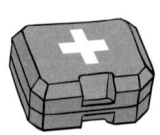

комплект за оказване на
първа помощ
aptečka

SOS
SOS

полиция
milicyâ

Земя
zemlâ

Европа
Evropa

Северна Америка
Severnaâ Amerika

Южна Америка
Ûžnaâ Amerika

Африка
Afrika

Азия
Aziâ

Австралия
Avstraliâ

Атлантически океан
Atlantičeskij okean

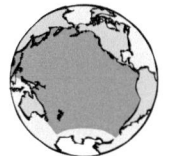
Тихи океан
Tihij okean

Индийски океан
Indijskij okean

Южен ледовит океан
Antarktičeskij okean

Северен ледовит океан
Severnyj Ledovityj okean

Северен полюс
Severnyj polûs

Южен полюс
Ûžnyj polûs

Антарктида
Antarktika

Земя
zemlâ

суша
suša

море
more

остров
ostrov

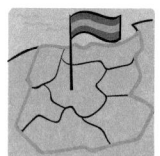 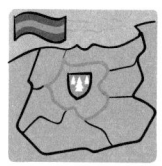

нация
nacyâ

държава
gosudarstvo

часовник
časy

циферблат
cyferblat

стрелка на часовете
časovaâ strelka

стрелка на минутите
minutnaâ strelka

стрелка на секундите
sekundnaâ strelka

Колко е часът?
Kotoryj čas?

ден
den'

време
vremâ

сега
sejčas

дигитален часовник
èlektronnye časy

минута
minuta

час
čas

седмица
nedelâ

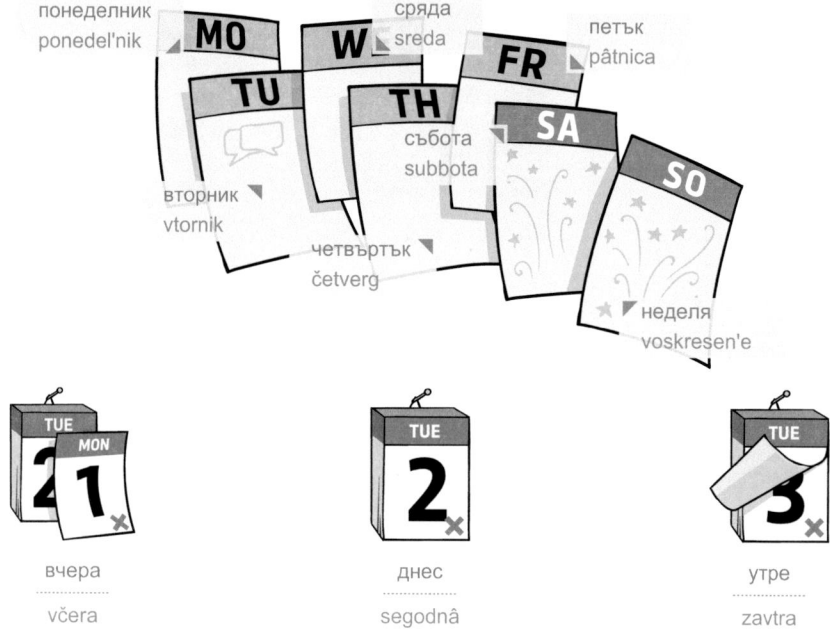

понеделник
ponedel'nik

сряда
sreda

петък
pâtnica

вторник
vtornik

събота
subbota

четвъртък
četverg

неделя
voskresen'e

вчера
včera

днес
segodnâ

утре
zavtra

сутрин
utro

обед
polden'

вечер
večer

работни дни
rabočie dni

уикенд
vyhodnye

година
god

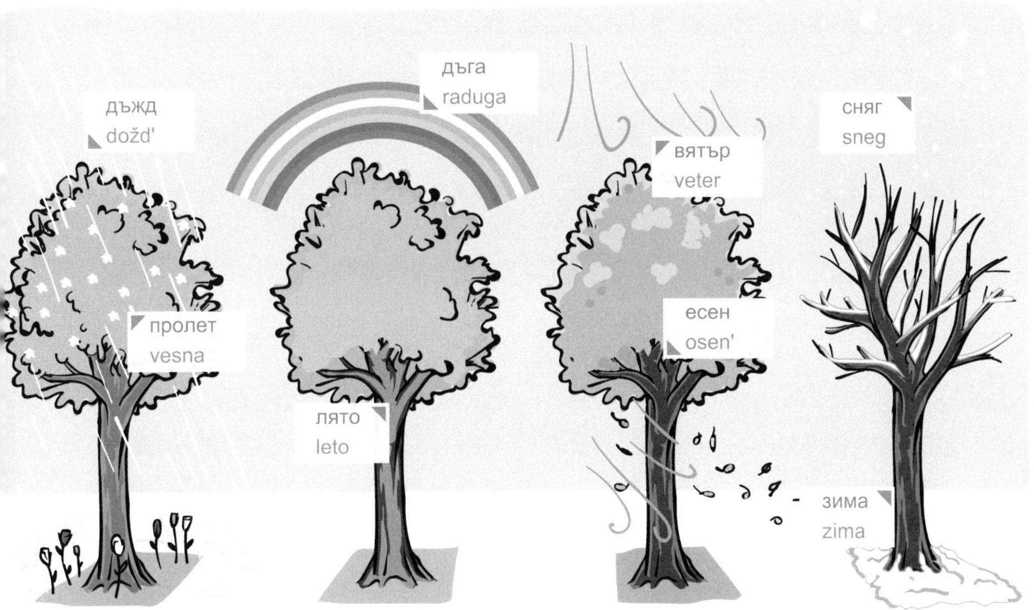

дъжд
dožd'

дъга
raduga

сняг
sneg

вятър
veter

пролет
vesna

лято
leto

есен
osen'

зима
zima

прогноза за времето

prognoz pogody

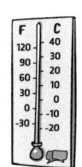

термометър

termometr

слънчева светлина

solnečnyj svet

облак

tuča

мъгла

tuman

влажност на въздуха

vlažnost' vozduha

светкавица
molniâ

гръмотевица
grom

буря
burâ

градушка
grad

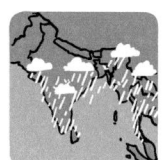

мусон
musson

наводнение
navodnenie

лед
lëd

януари
ânvar'

февруари
fevral'

март
mart

април
aprel'

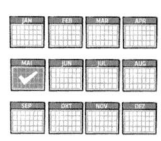

май
maj

юни
iûn'

юли
iûl'

август
avgust

година - god

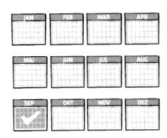

септември

sentâbr'

октомври

oktâbr'

ноември

noâbr'

декември

dekabr'

форми
formy

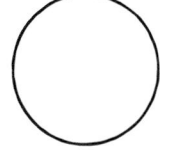

кръг

krug

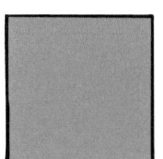

квадрат

kvadrat

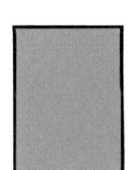

четириъгълник

prâmougol'nik

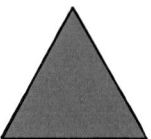

триъгълник

treugol'nik

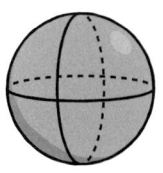

сфера

šar

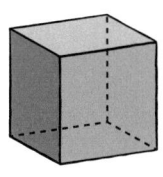

куб

kub

цветове
cveta

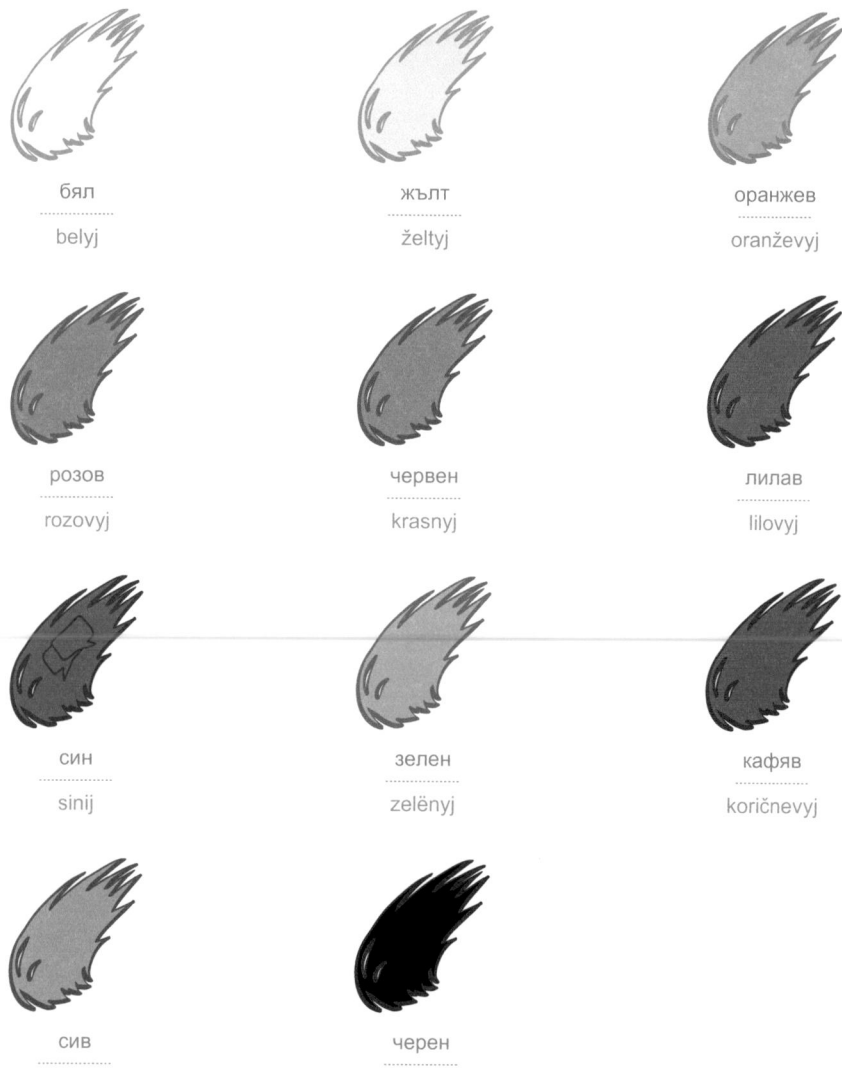

бял
belyj

жълт
želtyj

оранжев
oranževyj

розов
rozovyj

червен
krasnyj

лилав
lilovyj

син
sinij

зелен
zelënyj

кафяв
koričnevyj

сив
seryj

черен
černyj

противоположности
protivopoložnosti

много / малко
mnogo / malo

ядосан / спокоен
ârostnyj / mirnyj

красив / грозен
krasivyj / urodlivyj

начало / край
načalo / konec

голям / малък
bol'šoj / malen'kij

светъл / тъмен
svetlyj / temnyj

брат / сестра
brat / sestra

чист / мръсен
čistyj / grâznyj

пълен / непълен
polnyj / nepolnyj

ден / нощ
den' / noč'

мъртъв / жив
mërtvyj / žyvoj

широк / тесен
šyrokij / uzkij

ядлив / неядлив

s"edobnyj / nes"edobnyj

сърдит / любезен

zloj / druželûbnyj

развълнуван / скучаещ

vzvolnovannyj / skučaûŝij

дебел / тънък

tolstyj / hudoj

най-напред / най-накрая

snačala / v konce

приятел / враг

drug / vrag

пълен / празен

polnyj / pustoj

твърд / мек

tvërdyj / mâgkij

тежък / лек

tâžëlyj / legkij

глад / жажда

golod / žažda

болен / здрав

bol'noj / zdorovyj

нелегален / легален

nezakonnyj / zakonnyj

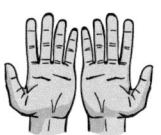

интелигентен / глупав

umnyj / glupyj

ляво / дясно

sleva / sprava

близо / далече

blizko / daleko

нов / употребяван

novyj / poderžannyj

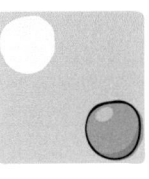

нищо / нещо

ničto / nečto

стар / млад

staryj / molodoj

вкл. / изкл.

vklûčeno / vyklûčeno

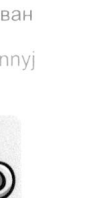

отворен / затворен

otkryto / zakryto

тих / силен (звук)

tiho / gromko

богат / беден

bogatyj / bednyj

правилен / погрешен

pravil'nyj / nepravil'nyj

грапав / гладък

šerohovatyj / gladkij

тъжен / щастлив

pečal'nyj / sčastlivyj

дълъг / къс

korotkij / dlinnyj

бавен / бърз

medlennyj / bystryj

мокър / сух

mokryj / suhoj

топъл / студен

tëplyj / prohladnyj

война / мир

vojna / mir

числа
cyfry

0
нула
nol'

1
едно
odin

2
две
dva

3
три
tri

4
четири
četyre

5
пет
pât'

6
шест
šest'

7
седем
sem'

8
осем
vosem'

9
девет
devât'

10
десет
desât'

11
единадесет
odinnadcat'

12

дванадесет

dvenadcat'

13

тринадесет

trinadcat'

14

четиринадесет

četyrnadcat'

15

петнадесет

pâtnadcat'

16

шестнадесет

šestnadcat'

17

седемнадесет

semnadcat'

18

осемнадесет

vosemnadcat'

19

деветнадесет

devâtnadcat'

20

двадесет

dvadcat'

100

сто

sto

1.000

хиляда

tysâča

1.000.000

милион

million

числа - cyfry

езици
âzyki

английски

anglijskij

американски английски

amerikanskij anglijskij

китайски мандарин

mandarinskij kitajskij

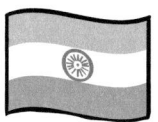

хинди

hindi

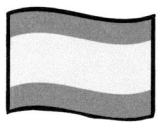

испански

ispanskij

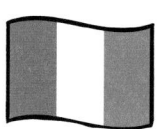

френски

francuzskij

арабски

arabskij

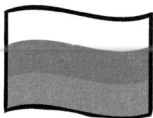

руски

russkij

португалски

portugal'skij

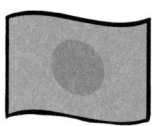

бенгалски

bengal'skij

немски

nemeckij

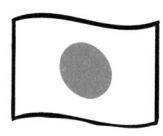

японски

âponskij

кой / какво / как
kto / čto / kak

аз
â

ти
ty

той / тя / то
on / ona / ono

ние
my

вие
vy

те
oni

кой?
kto?

какво?
čto?

как?
kak?

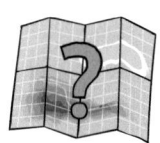
къде?
gde?

кога?
kogda?

име
imâ

къде
gde

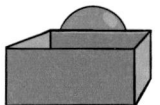

зад
za

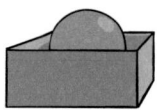

в
v

пред
pered

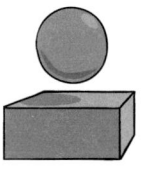

над
nad

върху
na

под
pod

до
râdom

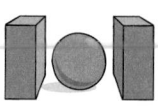

между
meždu

място
mesto